L'IMAGERIE DE LA FERME

LES LEGUMES

Conception et texte :
Émilie Beaumont
Marie-Renée Pimont,
institutrice d'école maternelle.

Images :

Marie-Christine Lemayeur - Bernard Alunni - François Ruyer

FLEURUS ENFANTS

ÉDITIONS FLEURUS, 11, rue Duguay-Trouin 75006 PARIS

LA CULTURE DES LEGUMES

Les légumes sont des plantes qui se mangent crues ou cuites, mais pas en dessert. On les cultive au potager, sous serre ou en plein champ.

Dans le potager, le jardinier cultive les légumes que l'on cuisait autrefois dans un grand pot pour en faire une bonne potée.

Dans la serre chaude et humide, les légumes poussent plus vite.

Grâce à ce tunnel en plastique, les cultures ne gèleront pas.

DES RACINES ET DES BULBES

Certains légumes font de grosses réserves de nourriture sous terre dans une racine ou dans un bulbe.

DES RACINES

La racine de la carotte peut se manger crue ou cuite.

La racine du céleri-rave se mange crue (râpée) ou cuite.

La racine du navet se mange cuite, souvent avec d'autres légumes.

La racine de la betterave se mange crue et râpée, ou bien cuite et froide. Elle tache !

La racine du radis se mange crue. Ses feuilles (les fanes) se mangent cuites.

DES BULBES

L'oignon se mange cru ou cuit. Quand on l'épluche, il pique les yeux !

Le fenouil est mangé cru ou cuit. Il a un bon goût d'anis.

Si tu ouvres une tête d'ail, tu trouveras plusieurs gousses dont il faudra ôter la peau !

L'échalote crue est émincée dans les vinaigrettes. Cuite, elle parfume les sauces.

Les cuisiniers parfument leurs plats et leurs sauces avec ces plantes. Tu peux t'entraîner à reconnaître leur odeur et leur goût !

MANGER DE LA SALADE !

L'endive est presque blanche car elle a grandi sans voir la lumière du soleil. La laitue aux feuilles tendres et vertes a poussé au grand jour !

Une graine de laitue est semée au milieu de chaque cube de terreau. Les petits plants poussent très serrés. Ils seront repiqués, bien espacés.

L'agriculteur déterre les racines de chicorée et coupe les feuilles des plantes.

Les racines sont recouvertes de terre puis de paille. Des feuilles blanches se développent et forment de gros bourgeons : les endives.

LEGUMES ... OU FRUITS ?

Tu les manges en entrée ou avec le plat principal, comme les légumes. Or ce sont des fruits : ils naissent de la transformation d'une fleur !

LES TOMATES

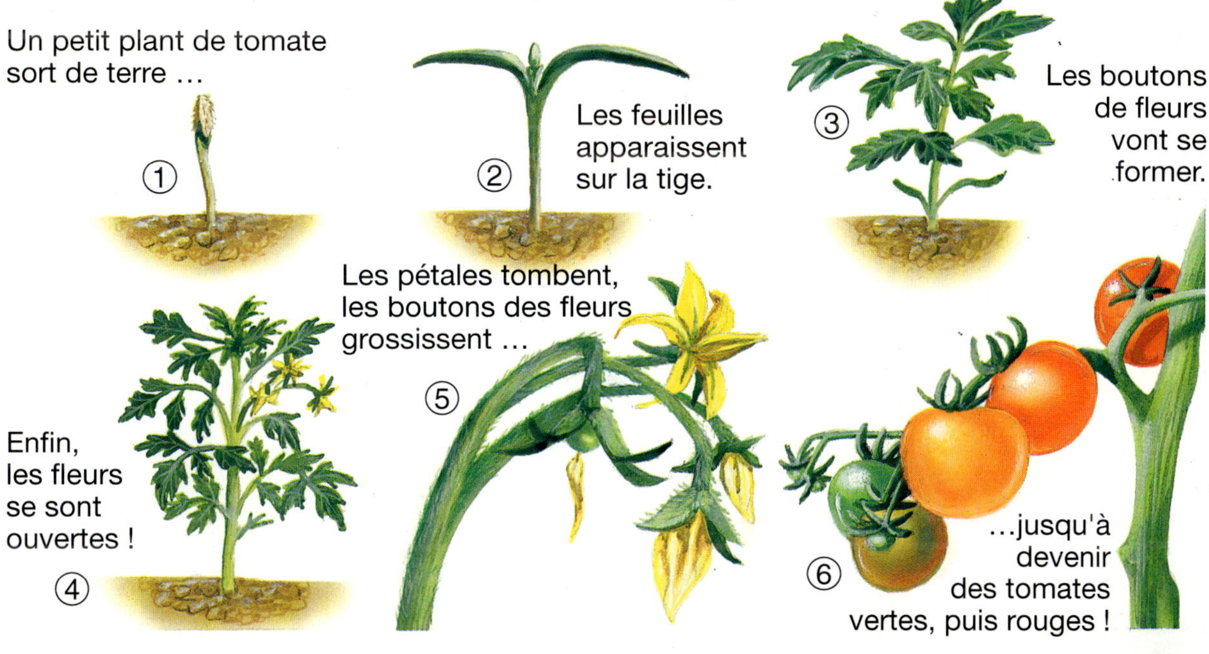

UN BOUTON DE FLEUR : L'ARTICHAUT

Si l'artichaut en fleur ressemble à un chardon géant, c'est parce qu'ils sont cousins ! Mais l'artichaut se mange et il ne pique pas !

L'artichaut est une plante aux feuilles larges et dentelées. Ses tiges hautes et épaisses supportent le poids des lourds boutons.

Le cœur de l'artichaut est protégé par des poils, le foin. Si on ne cueille pas le bouton, les poils se transforment en grosse fleur violette !

UNE BONNE GRAINE : LA FEVE

Après la cueillette, les fèves vertes et tendres sont détachées de leur cosse. Une fois séchées, elles se garderont jusqu'en hiver.

1. Bien au chaud sous la terre, une fève a germé.

2. La racine va puiser l'eau dans le sol.
La pousse perce vers la surface.

3. La pousse est sortie de terre.
De petites racines apparaissent sur la première racine.

4. Le plant de fèves grimpe le long d'un tuteur.

5. Au cœur des fleurs, des cosses vont se former.

6. Les pétales sont tombés et les jeunes fèves ont grossi dans les cosses.

DES GOUSSES ET DES GRAINES

Tu peux manger les graines qui ont grandi dans les gousses, comme les fèves. Mais parfois tu manges… les gousses encore jeunes.

Les petits pois sont des graines qui grandissent dans une longue enveloppe : la gousse. On les cueille lorsqu'ils sont encore jeunes et très tendres. Il faut alors écosser les gousses : les ouvrir pour en sortir les graines.

Tu manges la gousse du haricot vert. Elle est cueillie avant que ses graines ne grossissent. Le jardinier laisse certaines variétés de graines grossir. Puis il coupe les tiges et les fait sécher. Lorsqu'il ouvrira les gousses bien sèches, il détachera… des haricots rouges ou blancs !

PETITS CHOUX ET GROS CHOUX

Les choux appartiennent à une famille nombreuse ! Selon les espèces, tu manges leurs feuilles, leurs fleurs et parfois même leurs bourgeons !

La fleur blanche du chou-fleur est protégée du soleil par ses feuilles.

Les choux de Bruxelles sont des bourgeons qui poussent sur la tige.

Les pousses fleuries du brocoli sont vertes, rouges ou blanches.

Près du cœur, les feuilles du chou pommé sont presque blanches.

LA POMME DE TERRE

Le jardinier plante des pommes de terre germées : les germes sortent par de minuscules « yeux » noirs, puis ils percent la surface du sol.

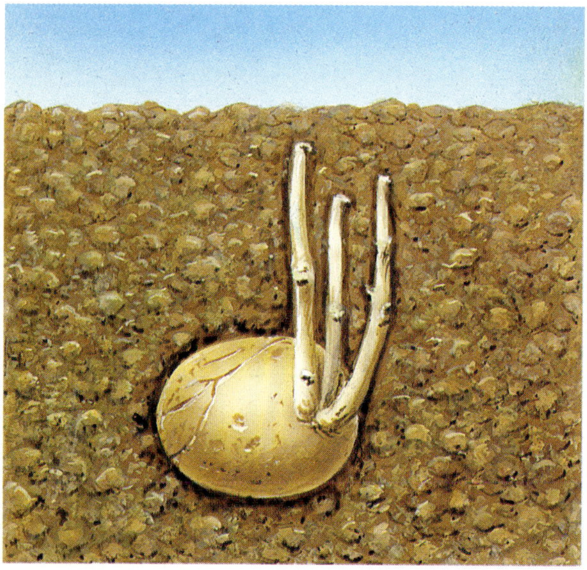

Les germes puisent leur nourriture dans la pomme de terre.

A la lumière du jour, les tiges se couvrent de feuilles.

Le plant est en fleur. Sous terre, la pomme de terre se ratatine.

Les fleurs fanent. Il faut déterrer les nouvelles pommes de terre !

LA RECOLTE DES POMMES DE TERRE

Certaines variétés de pommes de terre sont ramassées à la main. D'autres, moins fragiles, passent immédiatement dans une trieuse.

Ici l'arracheuse-aligneuse déterre les pommes de terre. Elles seront ramassées à la main, pour ne pas être abîmées, et mises en sac.

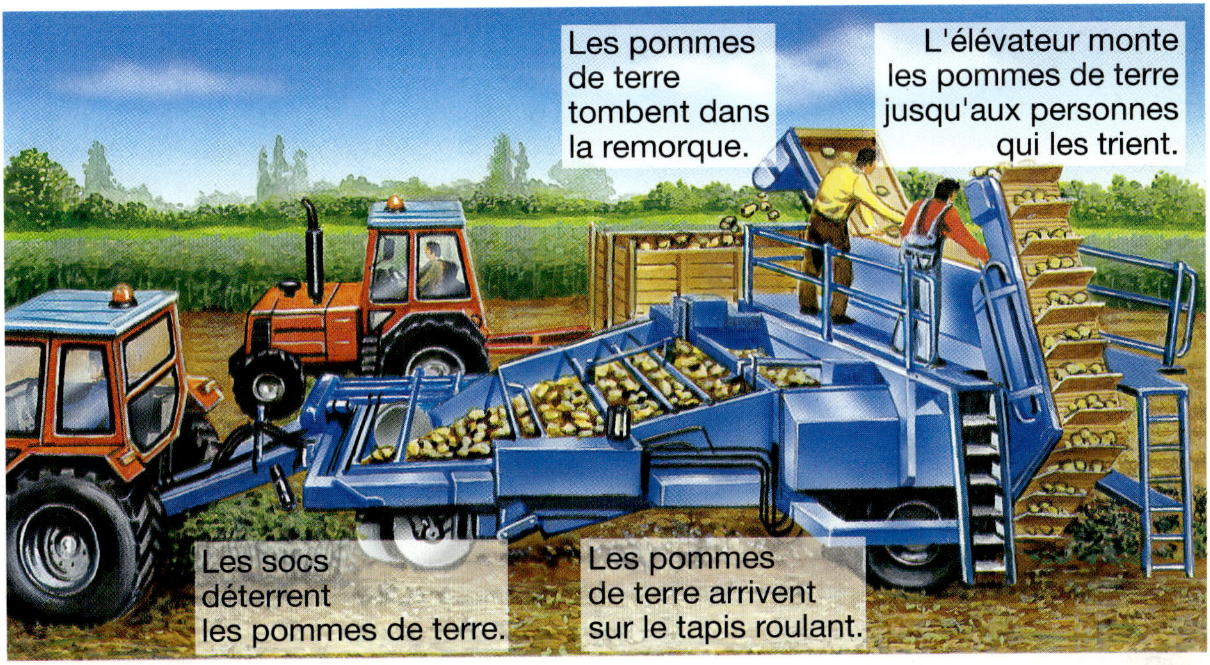

L'HISTOIRE DE LA POMME DE TERRE

Si tu étais né en Europe avant l'an 1600, tu n'aurais jamais mangé de pommes de terre… ni de chips, ni de frites, ni de purée !

En 1524, des navigateurs espagnols débarquent sur les côtes du Pérou.

Dans ce pays, les Indiens cultivent la pomme de terre depuis longtemps.

Les navigateurs envoient des pommes de terre au roi d'Espagne.

Celui-ci en offre au pape. Peu à peu, la pomme de terre se répand en Europe.

En France, les savants prétendent qu'elle donne de graves maladies.

La pomme de terre ne serait bonne qu'à nourrir les animaux !

Monsieur Parmentier est le premier à présenter ce légume à ses invités.

Il offre des fleurs de pomme de terre au roi Louis XVI et à la reine.

Malin, il fait surveiller un champ… pour que l'on vole les pommes de terre !

AU PRINTEMPS, RECOLTE DES POMMES DE TERRE

Couvre un grand bocal de verre d'un sac-poubelle noir. Pour observer le développement de ta plantation, ôte de temps en temps le sac.

1 – Laisse germer une pomme de terre dans un endroit éclairé et chaud.

2 - Dispose des graviers au fond du bocal, puis remplis-le d'un mélange de terreau et de terre.

Enfouis ta pomme de terre, germes vers le haut, à au moins dix centimètres de profondeur.

3 - Place le bocal près d'une fenêtre.

4 - Arrose régulièrement.

5 - Une tige, puis des petites feuilles vont se former. Environ trois mois après, tu pourras récolter des bébés pommes de terre !

CHAMPIGNONS DE PARIS

Les champignonnistes travaillent dans des caves ou des grottes. Après chaque récolte, ils changent le compost qui a nourri les champignons.

Le compost est un mélange de fumier de cheval et de paille. Il vieillit vingt jours avant d'être ensemencé avec du blanc de champignon.

Un mois après l'ensemencement, la première récolte des champignons apparaît. Cinq autres suivront.

Les champignons sont récoltés à la main. Ils seront vendus frais ou mis en boîte dans une conserverie.

LA BETTERAVE SUCRIERE

La betterave rouge est un légume. Il en existe une autre, blanche, que l'on ne mange pas, mais avec laquelle on fait du sucre.

Les betteraves sont semées au printemps et récoltées à l'automne. L'effeuilleuse-arracheuse déterre les racines et coupe les feuilles.

Les camions déchargent les betteraves à la sucrerie. On travaille pendant trois mois, jour et nuit, pour extraire rapidement le sucre des betteraves.

LES BONSHOMMES-LEGUMES

Tu peux te servir de légumes pour créer des personnages qui décoreront une table de fête.
Munis-toi de beaucoup de cure-pipes pour les assembler.

Pour la tête : un gros chou vert.
Pour les yeux : des champignons de Paris.
Pour la bouche et les oreilles : des radis.
Pour les cheveux : des petites tomates.
Pose la tête sur un pot de fleurs que tu auras entouré d'un cache-pot vert.

Pour le chapeau, découpe un poivron rouge. Pose-le sur une aubergine coupée (pour qu'elle tienne debout).
Entaille l'aubergine pour y mettre un morceau de poivron : ce sera la langue.
Les yeux et le nez sont en rondelles de poireaux.
La barbe vient aussi du poireau !